AF410890

LE
MOUVEMENT PACIFIQUE

ET LA

CONFÉRENCE DE LA HAYE

LE
MOUVEMENT PACIFIQUE

ET LA

CONFÉRENCE DE LA HAYE

CONFÉRENCE

DE

M. A. de LASSENCE

A la " Société Philomathique " le 11 Janvier 1900.

PAU

IMPRIMERIE-STÉRÉOTYPIE GARET, RUE DES CORDELIERS, 11

J. EMPÉRAUGER, IMPRIMEUR

—

1900

CONFÉRENCE

de M. A. de LASSENCE

A LA " SOCIÉTÉ PHILOMATHIQUE "

le 11 Janvier 1900

———

LE MOUVEMENT PACIFIQUE

et la Conférence de La Haye.

———

Quand j'ai proposé, Messieurs, une causerie à notre Président, j'avais un double mobile, témoigner ma sympathie aux auditeurs habituels des conférences philomathiques et collaborer personnellement à une œuvre à laquelle j'applaudis de tout cœur.

Mais, à mesure qu'approchait la date fixée, j'étais envahi par une crainte croissante de ne pas savoir vous intéresser au sujet que j'avais choisi et d'être trop inférieur comme conférencier à ceux que vous aviez écoutés et applaudis jusqu'à ce jour.

Et puis, Messieurs, est-il bien opportun de parler de mouvement pacifique, de progrès pacifique, au moment où une guerre qu'on aurait pu si facilement éviter, ensanglante le Sud de l'Afrique.

Un petit peuple à l'héroïsme duquel tout l'univers applaudit, ayant à se défendre contre les exigences d'un voisin puissant, a fait, en vain, appel à l'arbitrage pour régler pacifiquement son différent avec l'Angleterre. Le gouvernement anglais a repoussé l'arbitrage et, encore une fois, il n'est resté d'autre ressource que l'appel aux armes et à des armes dont la puissance de destruction dépasse en horreur tout ce que les guerres précédentes avaient présenté de plus épouvantable.

La pacification graduelle du monde civilisé, l'arbitrage entre nations ne sont-ce là qu'utopies toujours destinées à s'évanouir devant l'*ultima ratio* de la force brutale.

Malgré la lutte et les menaces du temps présent, nous ne le croyons pas.

Dans l'enfance de l'humanité, dans les temps préhistoriques tels que la science permet de les reconstituer, l'homme primitif devait vivre dans un état de guerre permanent contre les autres hommes, toujours obligé de défendre sa famille, le produit de sa chasse et sa caverne contre l'envahisseur.

Mais avec la première forme d'organisation sociale, avec la tribu, les hommes d'une même tribu ont été obligés de renoncer à ces habitudes de rapine et de violence les uns vis-à-vis des autres. D'un commun accord, le chef qui menait la tribu à la guerre contre les autres tribus, jugeait aussi les différents entre les membres de la tribu; il ne s'agissait plus entre ces hommes ainsi réunis sous la première forme de l'association humaine, de savoir quel était le plus fort, mais de discerner de quel côté était le bon droit. C'est la *première victoire du Droit et de la Justice* contre la force, la première étape victorieuse dans la longue et sanglante route des contestations humaines au bout de laquelle est l'arbitrage entre nations.

A la guerre entre les familles humaines a succédé la guerre de tribu à tribu, de château-fort à château-fort, de ville à ville jusqu'au moment où les chefs les plus puissants ont réussi à grouper sous leur autorité comme chef militaire et comme juge suprême, toute une peuplade ou une contrée.

Les zones de paix, les zones où les différents des villes et des petits seigneurs sont réglés non plus par les armes, mais par la justice, par la loi, ces zones sont devenues des petits Etats, des provinces.

Et avec le progrès des siècles, les guerres de province à province devinrent à leur tour impossibles ; les grands Etats se forment et l'on arrive à la période des guerres nationales.

De nos jours enfin la guerre est devenue impossible pour les petits Etats : leurs puissants voisins ne leur permettraient pas d'allumer un dangereux incendie et l'Europe est divisée entre deux coalitions formidables pouvant opposer l'une à l'autre une telle masse d'hommes et de canons que le principal souci des gouvernements de ces grands pays est d'éviter ou d'écarter tout sujet de guerre.

Mais cet état de paix armée commence à peser lourdement sur la force productrice, sur les travailleurs de toutes les grandes nations de l'Europe.

Un banquier de Varsovie, M. de Bloch, à étudié cet état ruineux de paix armée, les forces respectives de la Duplice et de la Triplice, l'œuvre de destruction et l'œuvre de ruine économique d'une grande guerre européenne dans un ouvrage encyclopédique d'un haut intérêt et dont la lecture, dit-on, impressionna tellement le Tsar qu'elle en fit l'auguste patron de tous les pacifiques.

M. de Bloch fait le tableau des forces respectives de la Triplice et de la Duplice.

Allemagne.....	2.550 000 hommes	4.552 cannons
Autriche-Hongrie....	1.304.000 —	2 695 —
Italie.........	1.281.000 —	1.764 —
	5.135.000 hommes	9.012 cannons
France........	2.554.000 hommes	7.320 cannons
Russie........	2.800.000 —	4.952 —
	5.354.000 hommes	12.272 cannons

L'on se demande, Messieurs, avec l'auteur comment l'on pourrait mouvoir des masses pareilles, comment on pourrait les nourrir.

Et ces masses seraient armées d'armes dont la puissance meurtrière est véritablement diabolique.

En décrivant cette puissance de destruction, en imaginant des armées aux prises l'une avec l'autre et employant l'une contre l'autre toutes les ressources offensives et défensives de l'armement moderne, M. de Bloch a fait preuve d'une intuition extraordinaire et d'une divination prophétique que des récents épisodes de la guerre du Transvaal, l'attaque, par exemple, des positions des boers à Maggers-Fontein et la prise de l'artillerie anglaise à la bataille de Colenso ont absolument justifiées.

Et le poids de ces dépenses toujours croissantes en armements défensifs et offensifs, devenus insuffisants aussitôt qu'ils sont terminés, devient de jour en jour plus pesant pour les finances des pays les plus riches, plus insupportable pour les producteurs et les travailleurs qui sont les facteurs de cette richesse.

Un seul canon cuirassé de la défense du port de New-York a coûté 2,250,000 francs. Sa longueur est d'environ 15 mètres, son poids de 126,000 kilos. Toutes les 42 secondes il peut lancer un boulet pesant 2,350 livres à 25 kilomètres. Chaque coup coûte 5,000 francs sans compter l'usure de la pièce qui est très rapide.

M. de Bloch calcule que la paix armée coûte à l'Europe 22 millions par jour, 8 milliards par an, et l'augmentation des dépenses des budgets de la guerre et de la marine entre 1874 et 1896 est pour :

l'Allemagne........de	79	0|0
l'Italie............. de	27	0|0
l'Autriche........ de	21	0|0
l'Angleterre....... de	47	0|0
la France........ de	43	0|0
la Russie......... de	75	0|0

Une guerre entre la Triple alliance et la Duplice coûterait journellement 104.890,000 francs sans compter les sommes énormes nécessaires pour secourir les familles laissées sans ressources par l'enrégimentation de tous les valides."

Car la mobilisation entrainerait l'arrêt brusque et absolu de toute la machine sociale, du service des subsistances et de l'alimentation journalière de toutes les populations urbaines.

La famine surviendrait bientôt avec toutes ses effroyables conséquences.

Déjà à Londres, pour une guerre lointaine où l'Angleterre n'emploie que des troupes mercenaires, une disette imprévue a surgi paralysant toutes les industries qui dépendent d'un moteur à charbon, si génante déjà pour le service des subsistances qu'on l'a appelée la famine du charbon.

Personne, Messieurs, après avoir lu le livre de M. de Bloch ou après avoir réfléchi aux difficultés économiques qu'il signale ne peut trouver exagérée cette appréciation d'un de nos délégués à la conférence internationale de la Haye, M. d'Estournelles de Constant :

« Tout le monde, aujourd'hui, reconnaît qu'une guerre européenne serait non seulement barbare et criminelle, mais fatale aux belligérants eux-mêmes, vainqueurs ou vaincus, par ce motif seul que cessant en masse de produire et de vendre, ils seront aussitôt supplantés par leurs concurrents d'Amérique et d'Extrême-Orient.

» Une guerre européenne sera suivie de la défaite économique de l'Europe, et la défaite économique, c'est l'arrêt du travail, la misère, la révolution.»

Ce bienfait de la paix Européenne, aujourd'hui si évident, avait été depuis longtemps entrevu par quelques esprits précurseurs.

Le mouvement en faveur de la paix date en effet de 1810, date à laquelle la première société de paix fut fondée à Boston aux Etats-Unis. En août 1815 une nouvelle société de paix fondée à New-York, et des sociétés fondées dans d'autres Etats formèrent en se réunissant la American peace Sociéty.

La première société anglaise se fonda à Londres en 1816 et la première Société Continentale à Genève en 1830.

En 1843 les amis de la Paix organisèrent à Londres un Congrès qui réunit de nombreux délégués du Royaume-Uni et des Etats-Unis. Un seul français y asssistait le Duc de La Rochefoucault Liancourt.

Le Congrès adopta une adresse à tous les gouvernements civilisés pour les prier d'introduire dans leurs traités une clause par laquelle ils s'engageraient, en cas de dissentiment, à s'en rapporter à la médiation d'une ou plusieurs puissances amies.

Cette adresse fut présentée à Louis-Philippe, qui fit un excellent accueil aux délégués du Congrès.

Il est intéressant de noter ici la réponse

que donna le roi des Français aux délégués pacifiques :

« La Paix, leur dit-il, est le besoin de tous les peuples, et, grâce à Dieu, la guerre coûte beaucoup trop aujourd'hui pour s'y engager souvent, et je suis persuadé qu'un jour viendra où, dans le monde civilisé, on on ne la fera plus »

Au mois de janvier 1844, la même adresse fut présentée au président des Etats-Unis par M. Beckwith, secrétaire de Société de Paix d'Amérique.

Le président, après avoir dit que la tendance naturelle des gouvernements populaires est de maintenir la paix, ajouta : « Que le peuple soit instruit et qu'il jouisse de ses droits, et il demandera la paix, comme indispensable à sa prospérité. »

Le 2ᵉ Congrès de la Paix eut lieu à Bruxelles en 1848, le 3ᵉ à Paris en 1849. Il comptait 23 délégués américains, 300 délégués anglais. 282 délégués français, 32 délégués belges, et un petit nombre d'Allemands, de Suédois, d'Italiens et d'Espagnols.

Le Bureau fut ainsi constitué :

Pour la France ; Président Victor Hugo représentant du peuple à l'Assemblée législative.

Vice-présidents : l'Abbé Duguerry, curé

de la Madeleine, et le pasteur Athanase Coquerel, représentant du peuple.

Nous ne pouvons résister, Messieurs, au plaisir de vous lire quelques passages de l'admirable discours du président Victor Hugo :

« Beaucoup d'entre vous viennent des points du globe les plus éloignés, le cœur plein d'une pensée religieuse et sainte. Vous comptez dans vos rangs des publicistes, des philosophes, des ministres des cultes, des écrivains éminents, plusieurs de ces hommes considérables, de ces hommes publics et populaires qui sont les lumières de leur nation. Vous venez ajouter aux principes qui dirigent aujourd'hui les hommes d'Etat, les gouvernants, les législateurs, un principe supérieur. Vous venez tourner en quelque sorte le dernier et le plus auguste feuillet de l'évangile, celui qui impose la paix aux enfants du même Dieu, et, dans cette ville qui n'a encore décrété que la fraternité des citoyens, vous venez proclamer la fraternité des hommes.

» Soyez les bienvenus ! . . . .

» Messieurs, cette pensée, la paix universelle, toutes les nations liées entre elles d'un lien commun, l'évangile pour loi suprême, la médiation substituée à la guerre, cette pensée est-elle une pensée pratique ? Cette idée est-elle une idée réalisable ?

Beaucoup d'esprits positifs, comme on dit aujourd'hui, beaucoup d'hommes politiques vieillis dans le maniement des affaires, répondent non. Moi, je réponds avec vous, je réponds sans hésiter, je réponds : Oui (applaudissements) et je vais essayer de le prouver tout à l'heure...................

» Si quelqu'un, il y a quatre siècles, à l'époque où la guerre existait de commune à commune, de ville à ville, de province à province, si quelqu'un eût dit à la Lorraine, à la Picardie, à la Normandie, à la Bretagne, à l'Auvergne, à la Provence, au Dauphiné, à la Bourgogne : Un jour viendra où vous ne vous ferez plus la guerre, un jour viendra où vous ne lèverez plus d'hommes d'armes les uns contre les autres, un jour viendra où l'on ne dira plus : Les Normands ont attaqué les Picards, les Lorrains ont repoussé les Bourguignons ; vous aurez bien encore des différends à régler, des intérêts à débattre, des contestations à résoudre, mais savez-vous ce que vous mettrez à la place des hommes d'armes, savez-vous ce que vous mettrez à la place des gens de pied et de cheval, des canons, des fauconneaux, des lances, des piques, des épées? vous mettrez une petite boîte en sapin que vous appellerez l'urne du scrutin, et de cette boîte il sortira, quoi? une assemblée ! une assemblée en laquelle vous vous sentirez tous vivre, une assemblée qui sera comme votre âme à tous, un concile souverain et populaire, qui décidera, qui jugera, qui résoudra tout en loi, qui fera tomber le glaive de toutes les mains, et surgir la justice dans tous les cœurs ; qui dira à chacun: Là finit ton droit, ici commence ton devoir; bas les armes! vivez en paix ! — Et ce jour-là vous vous sentirez une pensée commune, des intérêts communs, une destinée commune; vous vous embrasserez, vous vous reconnaîtrez fils du même sang et de la même race ; ce jour-là vous ne serez plus des peuplades ennemies, vous serez un peuple ; vous ne serez plus la Bourgogne, la Normandie, la Bretagne, la Provence, vous serez la France ; vous ne vous appellerez plus la guerre, vous vous appellerez la civilisation.

» Si quelqu'un eût dit cela à cette époque, tous les hommes sérieux et positifs, tous les gens sages, tout les grands politiques d'alors se fussent écriés : « Oh ! le songeur ! Oh ! le rêve-creux ! Comme cet homme connaît peu l'humanité ! Que voilà une étrange folie et une absurde chimère ! » Messieurs, le temps a marché, et il se trouve que ce rêve, cette folie, cette chimère, c'est la réalité.

»Et, j'insiste sur ceci, l'homme qui eût fait cette prophétie sublime eût été déclaré fou par les sages, pour avoir entrevu les desseins de Dieu !

»Eh bien ! vous dites aujourd'hui, je suis de ceux qui disent avec vous tous, nous qui sommes ici, nous disons à la France, à l'Angleterre, à la Prusse, à l'Autriche, à l'Espagne, à l'Italie, à la Russie, nous leur disons :

» Un jour viendra où les armes vous tomberont des mains à vous aussi ; un jour viendra où la guerre paraîtra aussi absurde et sera aussi impossible entre Paris et Londres, entre Pétersbourg et Berlin, qu'elle serait impossible et qu'elle paraîtrait absurde aujourd'hui entre Rouen et Amiens, entre Boston et Philadelphie. Un jour viendra où, vous France, vous Russie, vous Italie, vous Angleterre, vous Allemagne, vous toutes nations du continent, sans perdre vos qualités distinctes et votre glorieuse individualité, vous vous joindrez étroitement dans une unité supérieure, et vous constituerez la fraternité européenne, absolument comme la Normandie, la Bretague, la Bourgogne, toutes nos provinces, se sont fondues dans la France.

» Un jour viendra où il n'y aura plus d'autres champs de bataille que les marchés s'ouvrant au commerce et les esprits s'ouvrant aux idées. Un jour viendra où les boulets et les bombes seront remplacés par les votes, par le suffrage universel des peuples, par le vénéracle arbitrage d'un grand sénat souverain, qui sera à l'Europe ce que le Parlement est à l'Angleterre, la Diète est à l'Allemagne, ce que l'Assemblée législative est à la France !..................

» Messieurs, je le dis en terminant, et que cette pensée nous encourage, ce n'est pas d'aujourd'hui que le genre humain est en marche dans cette voie providentielle. Dans notre vieille Europe l'Angleterre a fait le premier pas, et par son exemple séculaire elle a dit aux peuples : « Vous êtes libres ». La France a fait le second pas, et elle a dit aux peuples : « Vous êtes souverains ».

» Maintenant, faisons le troisième pas, et tous ensemble, France, Angleterre, Belgique, Allemagne, Italie, Europe, Amérique, disons aux peuples : « Vous êtes frères ! »

Un quatrième congrès eut lieu à Londres pendant la première Exposition universelle en 1851, puis ces réunions internationales cessèrent et le mouvement en faveur de la paix parût se ralentir pendant presque toute la durée du second empire.

Cependant en 1867 M. Frédéric Passy fondait la *Ligue de la Paix* et, après la guerre de 1870, le mouvement pacifique reprenait, avec une énergie nouvelle, dans presque tous les pays d'Europe.

Au 1ᵉʳ Mars 1898, les Sociétés de la Paix étaient au nombre de 80 ainsi réparties :

Sociétés

Allemagne.......	4	réparties en 69 groupes		
Autriche.........	9			
Belgique.........	1			
Danemark	1	»	» 93	»
France..........	16			
Grande-Bretagne.	12			
Hongrie	2			
Italie...........	13			
Pays Bas	1	»	» 8	»
Portugal.........	1			
Russie..........	1			
Suède..........	1	»	» 78	»
Suisse..........	4	»	» 23	»
Amérique........	14			

Pendant l'Exposition de 1889, un Congrès universel de la Paix se réunit à Paris sous la présidence de M. Frédéric Passy.

L'incident le plus remarqué de ce congrès fut une adresse des ouvriers anglais aux ouvriers français, se terminant par ces mots :

« Le pouvoir du peuple s'accroît de jour » en jour, le peuple va devenir tout puis- » sant. Cet accroissement de pouvoir ajoute » à notre responsabilité : il nous impose le » devoir de servir la cause de la Paix par » l'application pratique de la justice. »

Un évènement mémorable, dans l'histoire

du mouvement pacifique et du droit international est l'institution de la *Conférence Interparlementaire* dont la première réunion eut lieu à Paris les 29 et 30 juin 1889 sous la présidence de M. Jules Simon.

La conférence interparlementaire, comme son nom l'indique, est exclusivement composée de membres des Parlements, des diverses nations, des législateurs des différents pays, dont la voix autorisée peut officiellement se faire entendre en faveur de la paix et de l'arbitrage, devant les Parlements de leurs pays respectifs.

Depuis 1889, tous les ans cette Conférence interparlementaire s'est réunie : en 1890, à Londres ; en 1891, à Rome ; en 1892, à Berne ; en 1894, à La Haye ; en 1895, à Bruxelles ; en 1896, à Budapest ; en 1897, à Bruxelles.

Aujourd'hui, l'union interparlementaire compte près de quinze cents adhérents, tous des parlementaires ; et, pour ne pas excepter la Russie, il a été admis que, dans les pays où le régime parlementaire n'existe pas, la représentation se ferait éventuellement par tels ou tels membres des grands corps constitués.

Ces conférences interparlementaires ont provoqué la création de l'*Institut de Droit International*, composé de jurisconsultes, de philosophes, d'économistes, qui se réunissent chaque année pour discuter les questions afférentes au droit international, et du *Bureau International de la Paix* qui fonctionne d'une façon permanente à Berne, sous la direction d'un homme d'une haute intelligence et d'un cœur vaillant, M. Elie Ducommun. Il est en relations avec toutes les Sociétés de paix et fait appel, quand une guerre est menaçante, aux gouvernements des pays intéressés.

La dernière Assemblée Générale du Bureau international de la Paix eut lieu les 22 et 23 Septembre derniers.

Un conflit était imminent entre l'Angleterre et le Transvaal, et, à la demande instante des représentants des Sociétés de Paix Anglaises les télégrammes suivants furent envoyés à la Reine Victoria et au Président Krüger.

Berne, 23 septembre 1899.

« A S. M. la Reine de la Grande-Bretagne.

« Les Délégués des Sociétés de la Paix du monde entier, assemblés à Berne, expriment très respectueusement à Sa Gracieuse Majesté le vœu que, dans les circonstances critiques actuelles, sa voix souveraine se fasse entendre pour éviter au monde le spectacle affreux d'une guerre entre l'Angleterre et le Transvaal. »

3

S. M. la reine d'Angleterre a fait répondre télégraphiquement comme suit :

Je suis chargé par Sa Majesté la Reine de vous accuser réception de votre télégramme du 23 courant.

Salisbury.

Berne, 23 septembre 1899.

« A M. Krüger, Président de la République du Transvaal, à Prétoria.

» L'Assemblée universelle des Sociétés de la Paix supplie le Transvaal et l'Angleterre d'éviter les hostilités, en réclamant enquête, médiation, arbitrage, conformément aux décisions de la Conférence de La Haye. »

M. le Président Krüger a répondu de suite par un télégramme ainsi conçu :

Prétoria, 25 septembre 1899.

Je vous remercie de votre télégramme. Nous avons toujours insisté pour arbitrage des neutres et ne désirons rien qu'un tel arbitrage.

Président Krüger.

Espérons, Messieurs que le sort des armes continuant à être favorable à la cause de l'indépendance et au pays qui est prêt à accepter l'arbitrage, le gouvernement anglais sera bientôt amené à désirer cette médiation des neutres et cet arbitrage qu'il repoussait alors si dédaigneusement.

D'ailleurs, des symptômes heureux se manifestent dans l'opinion publique anglaise égarée par le mirage et les fanfares de l'impérialisme. Des publicistes courageux ne se lassent pas de dénoncer l'homme d'Etat, qui est responsable de la guerre ; des membres vénérés du clergé anglais ont publiquement refusé de prier pour le succès d'une cause injuste. Si le parti libéral anglais se ressaisit et reconquiert l'opinion publique, la guerre actuelle et les craintes de complications redoutables ne troubleront plus longtemps les amis de la Paix qui pourront marcher, avec plus de confiance, vers cet avenir réparateur que célèbre l'hymne de la paix qu'un groupe d'élèves de l'Ecole supérieure va bien vouloir nous chanter, et où l'Europe nouvelle ne connaîtra

> Plus de fratricides luttes
> Plus de larmes, plus de sang !

En parlant de l'idée de la pacification et de l'arbitrage entre nations, le comte Sellon écrivait en 1830 : « L'idée voyagera d'abord en omnibus ; elle finira par prendre place dans les carrosses des rois. »

Elle apparut tout à coup, le 1er Août 1898, dans le carrosse du plus puissant souverain du monde, aux yeux de tous les diplomates stupéfaits et aux applaudissements de tous les pacifiques.

Voici les termes, Messieurs, de la circulaire du comte Mouravieff, ministre des Affaires Etrangères de Sa Majesté Le Tsar :

« Le maintien de la paix générale et une réduction possible des armements excessifs qui pèsent sur toutes les nations, se présentent, dans la situation actuelle du monde entier, comme l'idéal auquel devraient tendre les efforts de tous les gouvernements.

» Les vues humanitaires et magnanimes de S. Majesté l'Empereur, mon auguste maître, y sont entièrement acquises, dans la conviction que ce but élevé répond aux intérêts les plus essentiels et aux vœux légitimes de toutes les puissances ; le gouvernement impérial croit que le moment présent serait très favorable à la recherche, dans la voie de la discussion internationale, des moyens les plus efficaces à assurer à tous les peuples les bienfaits d'une paix réelle et durable et à mettre avant tout un terme au développement progressif des armements actuels.

» Au cours des vingt dernières années, les aspirations à un apaisement général se sont particulièrement affirmées dans la conscience des nations civilisées. La conservation de la paix a été posée comme le but de la politique internationale. C'est en son

nom que les grands Etats ont conclu entre
eux de puissantes alliances ; c'est pour ga-
rantir la paix qu'ils ont développé, dans des
proportions inconnues jusqu'ici, leur forces
militaires et continuent encore à les accroître sans reculer devant aucun sacrifice.

« Tous ces efforts pourtant n'ont pu abou-
tir encore aux résultats bienfaisants de la
pacification souhaitée. Les charges financières, suivant une marche ascendante,
atteignent la prospérité publique dans sa
source. Les forces intellectuelles et physi-
ques des peuples, le travail et le capital sont
en majeure partie détournés de leur application naturelle et consommés improducti-
vement. Des centaines de millions sont
employés à acquérir des engins de destruction effroyables, qui, considérés aujourd'hui
comme le dernier mot de la science, sont
destinés demain à perdre toute valeur à la
suite de quelque nouvelle découverte dans
ce domaine. La culture nationale, le progrès
économique et la production des richesses
se trouvent paralysés ou faussés dans leur
développement. Aussi, à mesure qu'ils s'ac-
croissent, les armements de chaque puissance répondent-ils de moins en moins au
but que les gouvernements s'étaient proposé.

« Les crises économiques, dues en grande
partie au régime des armements à outrance

et du danger continuel qui gît dans cet amoncellement du matériel de guerre, transforment la paix armée de nos jours en fardeau écrasant que les peuples ont de plus en plus de peine à porter. Il paraît évident dès lors que, si cette situation se prolongeait, elle conduirait fatalement à ce cataclysme même qu'on tient à écarter et dont les horreurs font frémir à l'avance toute pensée humaine. Mettre un terme à ces armements incessants et rechercher les moyens de prévenir des calamités qui menacent le monde entier, tel est le devoir suprême qui s'impose aujourd'hui à tous les Etats.

» Pénétrée de ce sentiment, Sa Majesté a daigné m'ordonner de proposer à tous les gouvernements dont les représentants sont accrédités près la cour impériale la réunion d'une conférence qui aurait à s'occuper de ce grave problème.

» Cette conférence serait, Dieu aidant, d'un heureux présage pour le siècle qui va s'ouvrir; elle rassemblerait dans un puissant faisceau les efforts de tous les Etats qui cherchent sincèrement à faire triompher la grande conception de la paix universelle sur les éléments de trouble et de discorde.

» Elle cimenterait en même temps leurs accords par une consécration solidaire des principes d'équité et de droit sur lesquels reposent la sécurité des Etats et le bien-être des peuples »

Jamais encore les Société de paix de tous les pays n'avaient reçu un encouragement semblable. Leurs idées étaient exprimées, leurs espérances proclamées avec une autorité souveraine. Des adresses de félicitations et de remerciments au Tsar furent votées d'acclamation dans toutes les parties du monde.

En Angleterre, en particulier, un publiciste éminent, M. Stead le Directeur *of the Review* of *Reviews*, prêcha une véritable croisade, les nouveaux croisés de la *guerre contre la guerre* devant se réunir d'abord à Londres, puis grossissant toujours leur phalange, en passant par Anvers, Gand, Bruxelles, Liège, Paris, Francfort, Berlin, arriver jusqu'au trône du Tsar pour y déposer l'hommage de leur gratitude et de leur foi dans le triomphe de la Paix.

Un journal spécial hebdomadaire, la guerre contre la guerre, résumait les succès de la croisade pacifique, et indiquait à quels emplois bénis par le peuple des travailleurs on pourrait destiner les sommes énormes qu'un désarmement même partiel donnerait à chaque pays, grands travaux civilisateurs, institutions populaires, retraites pour les travailleurs âgés, etc.

Une seconde circulaire du Comte Mouraview du 11 Janvier 1899, vint préciser les vues pacifiques du Tsar, en indiquant les questions qu'on pourrait soumettre à une conférence internationale :

« 1° Entente stipulant la non-augmentation pour un terme à fixer des effectifs actuels des forces armées de terre et de mer, ainsi que des budgets de guerre y afférents ; étude préalable des voies dans lesquelles pourrait même se réaliser dans l'avenir une réduction des effectifs et des budgets ci-dessus mentionnés ;

» 2° Interdiction de la mise en usage, dans les armées et les flottes, de nouvelles armes à feu quelconques et de nouveaux explosifs, aussi bien que de poudres plus puissantes que celles adoptées actuellement tant pour les fusils que pour les canons ;

» 3° Limitation de l'emploi, dans les guerres de campagne, des explosifs d'une puissance formidable déjà existants et prohibition du lancement de projectiles ou d'explosifs quelconques du haut de ballons ou par des moyens analogues ;

» 4° Défense d'employer dans les guerres navales des bateaux torpilleurs sous-marins ou plongeurs, ou d'autres engins de destruction de la même nature ; engagement de ne pas construire à l'avenir de navire de guerre à éperon ;

« 5° Adaptation aux guerres maritimes des stipulations de la convention de Genève de 1864, sur la base des articles additionnels de 1868 ;

« 6° Neutralisation au même titre, des navires ou chaloupes chargés du sauvetage des naufragés, pendant ou après les combats maritimes ;

« 7° Révision de la déclaration concernant les avis et les coutumes de la guerre, élaborée en 1874 par la Conférence de Bruxelles et restée non ratifiée jusqu'à ce jour ;

« 8e Acceptation, en principe, de l'usage des bons offices de la médiation et de l'arbitrage facultatif, pour des cas qui s'y prêtent, dans le but de prévenir des conflits armés entre les nations ; entente au sujet de leur mode d'application et établissement d'une pratique uniforme dans leur emploi. »

Cette conférence internationale fut provoquée par une lettre adressée de La Haye, le 8 Avril 1899, par M. de Beaufort ministre des Affaires Etrangères des Pays-Bas aux gouvernements des principaux pays du monde civilisé, les invitant à se réunir « pour discuter les questions exposées dans la deuxième circulaire russe, a l'exclusion toutefois des délibérations de tout ce qui touche aux rapports politiques des Etats et à l'ordre des choses etabli par les traités. »

23 gouvernements : l'Allemagne, l'Autriche-Hongrie, la Belgique, la Bulgarie, la Chine, le Danemark, l'Espagne, les Etats-Unis, la France, la Grande-Bretagne, la Grèce, l'Italie, le Japon, le Luxembourg, les Pays-Bas, la Perse, le Portugal, la Roumanie, la Russie, la Serbie, la Suède et Norwège, la Suisse, la Turquie, répondirent à l'appel de M. de Beaufort et envoyèrent des représentants officiels à la conférence internationale qui s'est réunie le 18 mai dernier à La Haye.

Les délégués de la France étaient : M. Léon Bourgeois, ancien premier ministre et membre de la Chambre des députés, M. Bihourd, ministre de France à La Haye ; le baron d'Estournelles de Constant, ministre plénipotentiaire et membre de la Chambre des députés ; le vice-amiral Pephau ; le général de brigade Monnier ; M. Louis Rennault, professeur à la Faculté de droit.

Chaque pays, petit ou grand, n'eut qu'une voix dans les différentes commissions et dans l'assemblée générale, quel que fut le nombre de ses délégués.

Après un discours d'ouverture, plein de tact et de courtoisie, prononcé par M. de Beaufort souhaitant la bienvenue aux délégués de toutes les nations, M. de Staal principal représentant du Gouvernement russe fut nommé président de la Conférence.

Trois grandes commissions furent nommées : la *Commission du désarmement*, celle *des lois de la guerre*, celle de *la médiation et de l'arbitrage*.

La *Commission du Désarmement* se heurta à des difficultés pour le moment insurmontables et le sentiment des mieux intentionnés fut bientôt unanime à reconnaître que rien ne pouvait être fait pour donner un corps à l'idée du tsar sur ce point.

Le délégué allemand, colonel de Schwarzhoff, y prit la parole et déclara :

« Le peuple allemand n'est pas écrasé sous le poids des charges et des impôts ; il n'est pas entraîné sur la pente de l'abîme ; il ne court pas à l'épuisement et à la ruine. Bien au contraire, la richesse publique et privée augmente, le bien-être commun, le *standard of life*, s'élève d'une année à l'autre.

» Quant au service obligatoire, qui est intimement lié à ces questions, l'Allemand ne le regarde pas comme un fardeau pesant, mais comme un devoir sacré et patriotique, à l'accomplissement duquel il doit son existence, sa prospérité, son avenir.»

A cette habile et hautaine déclaration, notre délégué M. Bourgeois sut faire une réponse que je vous demande la permission de lire en entier :

« J'ai écouté avec grand soin dans la séance dernière, le remarquable discours de M. le colonel de Swarzhoff. Il a présenté avec la plus grande force les objections techniques qui, selon lui, devait empêcher la Commission d'adopter les propositions de M. le colonel Gilinski relatives à la limitation des armements.

« Il ne m'a pas semblé toutefois qu'il contestât en elles-mêmes les idées générales au nom desquelles nous sommes réunis ici.

« Il a montré que l'Allemagne supportait facilement les charges de son organisation militaire et rappelé qu'elle avait pu poursuivre néanmoins un développement économique considérable.

« J'appartiens à un pays qui supporte allègrement les obligations personnelles et financières que le service de la défense nationale impose à ses citoyens, et nous avons l'espoir de montrer l'an prochain au monde qu'elles n'ont point ralenti l'activité de notre production, ni entravé l'accroissement de notre prospérité économique.

« Mais M. le colonel de Swarzhoff reconnaîtra certainement avec moi que, pour son pays comme pour le mien, si les ressources considérables qui sont consacrées à l'organisation militaire, étaient en partie mises au service de l'activité pacifique et productrice, l'ensemb'e de la prospérité de chaque nation ne cesserait de s'accroître suivant un mouvement plus rapide.

« C'est cette idée qu'il importe non seulement d'exprimer ici entre nous, mais s'il est possible de manifester devant l'opinion.

« C'est pourquoi, si j'avais à exprimer un vote sur la question posée par le paragraphe premier de la proposition du colonel Gilinski, je n'hésiterais pas à me prononcer dans le sens de l'affirmative.

« Au reste nous n'avons peut-être pas ici le droit de considérer seulement comment notre pays supporte les charges de la paix armée. Notre tache est plus haute : c'est l'ensemble de la situation des nations que nous sommes appelés à examiner.

« En d'autres termes, nous n'avons pas seulement à émettre des votes particuliers répondant à notre situation spéciale. S'il est une idée générale qui puisse servir au bien commun, nous devons essayer de la dégager. Notre but n'est pas de nous former en majorité ou en minorité ; il faut, non mettre en lumière ce qui peut nous séparer, mais nous attacher à ce qui peut nous réunir.

» Si nous délibérons dans cet esprit, nous

trouverons, je l'espère, une formule d'ensemble qui, réservant les difficultés que nous connaissons tous, exprime du moins cette pensée que la limitation des armements serait un bienfait pour l'humanité, et donne aux gouvernements l'appui moral nécessaire pour leur permettre de poursuivre ce noble objet.

» Messieurs, le but de la civilisation nous paraît être de mettre de plus en plus, au-dessus de la lutte pour la vie entre les hommes, l'accord entre eux pour la lutte contre les cruelles servitudes de la matière. C'est la même pensée que l'initiative du Tsar nous propose d'affirmer pour les rapports entre les nations.

» Si c'est une nécessité douloureuse d'être obligés de renoncer actuellement à une entente positive et immédiate sur cette proposition, nous devons essayer de prouver à l'opinion publique que nous avons du moins sincèrement examiné le problème posé devant nous.

» Nous n'aurons pas travaillé en vain si, en formulant les termes généraux, nous indiquons le but vers lequel nous désirons unanimement, je l'espère, voir marcher l'ensemble des peuples civilisés. »

Ces généreuses et éloquentes paroles produisirent un tel effet et eurent un tel succès que l'on pria M. Bourgeois de formuler, séance tenante, un vœu conforme à ses idées et ce vœu fut voté à l'unanimité des membres de la commission.

Ce vœu était ainsi rédigé :

« La Conférence estime que la limitation des charges militaires qui pèsent actuellement sur le monde] est grandement désirable pour l'accroissement du bien-être matériel et moral de l'humanité. »

Mais cette limitation des charges militaires est pour le moment impossible. Nos délégués, en le déclarant, comme l'a fait M. d'Estournelles de Constant ont bien interprété le sentiment des amis de la Paix en France.

Nous proclamons, au contraire, la nécessité patriotique de compléter nos défenses maritimes, d'augmenter notre flotte, d'assurer par une combinaison d'alliances, cet équilibre des puissances sur mer qui interdira l'abus de la force et assurera sur mer, comme sur terre, le respect réciproque des grandes puissances et la protection des faibles.

La Commission des lois de guerre étendit à la guerre maritime les principes de la convention de Genève qui, jusqu'a présent, ne sauvegardait que les belligérants de terre ferme et adopta une série de mesures relatives aux droits et devoirs des belligérants et des populations.

Deux courants d'idées opposés se manifestèrent dans cette commission. Quelques délégués proposèrent des mesures propres à empêcher l'emploi de nouvelles forces destructives promenées à travers les airs par les ballons et sous la mer par les bateaux sous-marins. D'autres, au contraire, affirmèrent que rien ne pouvait plus efficacement servir la cause de la paix que la terreur des engins de destruction les plus meurtriers. Ce fut cette dernière opinion que soutinrent nos délégués français et vous penserez avec nous, Messieurs, qu'ils ont bien servi ainsi la cause de leur pays et la cause de la paix.

La troisième Commission, celle de la médiation et de l'arbitrage, a proposé et fait accepter les résolutions les plus utiles et les plus importantes.

Quatre projets étaient en présence pour le règlement de l'arbitrage et la constitution d'un tribunal permanent d'arbitrage international : un projet russe, un projet anglais, un projet italien et un projet américain.

L'opposition, d'abord absolue, par suite des ordres de leur empereur, des délégués allemands à toute organisation permanente d'arbitrage même facultatif, faillit compromettre un moment l'œuvre de la Commission.

Mais le désir personnel des délégués allemands de s'accorder avec leurs collègues, leurs instances auprès de l'empereur d'Allemagne, eurent l'effet souhaité et la commission tomba d'accord sur une déclaration de principes et des résolutions pratiques dont il serait injuste de méconnaître l'importance.

«Les souverains ou chefs d'état représentés à la Conférence » (dit cette déclaration de principes) « animés de la ferme volonté de concourir au maintien de la paix générale, résolus à favoriser de tous leurs efforts le règlement amiable des conflits internationaux, reconnaissant la solidarité qui unit les membres de la société des nations civilisées, voulant étendre l'empire du droit et fortifier le sentiment de la justice internationale, considérant les avantages d'une organisation générale et régulière de procédure arbitrale, etc. »

Ainsi voici, Messieurs, les principes des Sociétés de paix solennellement proclamés et sanctionnés par les représentants des 23 principales nations du Globe ! Si la conférence de La Haye n'avait eu que ce résultat, ce serait déjà un résultat mémorable.

Mais la Conférence a édicté des règles pratiques :

1º Pour le recours des puissances aux

bons offices ou à la médiation d'une ou plusieurs puissances amies ;

2° Pour l'offre de médiation faite par une ou plusieurs puissances étrangères aux puissances en conflit ;

3° Pour l'organisation de commissions d'enquêtes chargées d'examiner les faits donnant lieu à des litiges internationaux ;

4° Pour le règlement des arbitrages proprement dits, c'est-à-dire le règlement des litiges entre les Etats par des juges de leur choix et sur la base du respect du droit.

La Conférence n'a osé proposer que l'arbitrage facultatif. Mais la composition d'une Cour d'arbitrage est réglée d'avance par l'institution d'un collège accessible en tout temps et toujours prêt à fonctionner.

Un bureau international, établi à La Haye sert de greffe à la Cour d'arbitrage.

Un Conseil administratif permanent chargé d'établir et d'organiser le bureau international, est composé des représentants diplomatiques accrédités à la Haye et présidés par le ministre des affaires étrangères des Pays-Bas.

A moins d'ignorer tout cela, il n'est pas permis, Messieurs, de dire que l'œuvre de la Conférence internationale a été stérile.

Et nous pouvons, à juste titre, nous Français, être fiers du rôle qu'y ont joué et de la figure qu'y ont faite les délégués de la France.

C'est encore grâce à eux que le mot devoir a été inscrit dans l'acte de La Haye. Il s'agissait du recours à l'arbitrage qui était laissé à la bonne volonté des nations en litige. Les délégués français demandèrent que la Conférence fît, du moins, de ce recours au Droit et non à la Force, une obligation morale. Je vous demande encore la permission de vous lire, Messieurs, les paroles que prononça M. Bourgeois :

« MESSIEURS,

» Certains ignorant la puissance de l'idée voudraient prétendre que ce que nous avons fait ici est peu de chose. Je suis, au contraire, convaincu que lorsque nous serons sortis de cette conférence, lorsque nous n'aurons plus le souci légitime de la défense des intérêts spéciaux à chaque nation, dont nous devions tenir compte nous-mêmes nous jugerons mieux l'importance de notre œuvre et que plus on s'avancera sur la route du temps, plus clairement apparaîtra cette importance.

« L'utilité morale des dispositions de l'ar-
» ticle 27 est tout entière dans ce fait :
» qu'un devoir commun pour le maintien de
» la paix entre les hommes est reconnu et

» affirmé entre les nations. Croyez-vous
» que ce soit peu de chose, que dans cette
» conférence, c'est-à-dire non pas dans une
» réunion de théoriciens et de philosophes,
» discutant librement et sous leur seule
» responsabilité personnelle, mais dans une
» assemblée où sont officiellement repré-
» sentés les gouvernements de presque tou-
» tes les nations civilisées, l'existence de ce
» devoir international ait été proclamée [et
» que la notion de ce devoir, désormais in-
» troduite pour toujours dans la conscience
» des peuples, s'impose dans l'avenir aux
» actes des gouvernements et des na-
» tions ?

» Que nos collègues qui ont fait opposition à cet article, me permettent de le leur
dire, je crains qu'ils n'aient point les yeux
tournés vers le but qui vraiment doit être
le leur. Ils ont semblé préoccupés des intérêts opposés des grandes et des petites
puissances dans cette question de l'arbitrage. Il n'y a ici ni grandes ni petites puissances. Toutes sont égales devant l'œuvre
à accomplir. Mais si l'œuvre devait être
plus utile à quelques-unes, n'est-ce pas aux
plus faibles qu'elle profiterait certainement ? Toutes les fois qu'un tribunal a été
institué dans le monde et qu'une décision
réfléchie et impartiale a pu ainsi s'élever
au-dessus de la lutte des intérêts et des

passions, n'est-ce pas une garantie de plus qui a été ainsi donnée aux faibles contre l'abus de la force ?

» Messieurs, entre nations, il en sera de même qu'entre hommes. Les institutions internationales comme celle-ci seront la garantie des faibles contre les forts dans les conflits de la force. Quand il s'agit de mettre en ligne des soldats de chair et d'acier, il y a des grands et des petits, des faibles et des forts ; quand, dans deux plateaux d'une balance il s'agit de jeter des épées, l'une peut être plus lourde et l'autre plus légère, mais lorsqu'il s'agit d'y jeter des idées et des droits, l'inégalité cesse et les droits du plus petit ou du plus faible pèsent dans la balance un poids égal aux droits des plus grands. C'est ce sentiment qui nous a dicté notre œuvre et c'est aux faibles surtout que nous avons songé en la poursuivant. Puissent-ils comprendre notre pensée et répondre à notre espérance en s'associant aux efforts tentés ponr régler de plus en plus par le droit l'avenir de l'humanité. » (Applaudissements répétés.)

Cette codification, Messieurs, des règles de l'arbitrage et cette organisation permanente des éléments destinés à former, à la première demande des intéressés, la Cour arbitrale, facilitera les demandes d'arbitrage et accèlerera des progrès déjà rapides.

De 1794 à 1848	nous comptons 9	arbitrages, soit annuellement	%	02
De 1848 à 1870	— 15	—	%	07
De 1870 à 1880	— 14	—	%	1.40
De 1880 à 1891	— 20	—	%	1.80
De 1891 à 1898	— 16	—	%	4.20

Pendant l'année 1899 seulement 4 arbitrages ont abouti à des jugements : celui entre la Grande Bretagne et la Belgique, à propos de l'expulsion d'un sujet anglais, celui entre la République Argentine et le Chili pour une question de frontières, celui entre l'Italie et la Perse, pour une affaire pendante depuis 16 ans, celui de la baie de Delagoa entre l'Angleterre et le Portugal.

4 arbitrages sont en cours d'instruction et 4 arbitrages nouveaux ont été constitués entre le Chili et le Pérou, la Grande Bretagne et le Brésil, la République Argentine et le Chili, la France et le Brésil. Que de coups de canons, il y a quelques années, ces 12 litiges auraient vraisemblablement provoqué ! Ils ont été ou vont être réglés par des jurisconsultes. C'est un règlement à la fois moins coûteux et plus équitable.

Mais dans cette marche de l'histoire, pour la substitution du Droit à la Force, par la constitution de juridictions toujours plus étendues et dont le tribunal d'arbitrage international sera le dernier échelon, le patriotisme, Messieurs, qui s'est affirmé à la guerre par tant d'actions héroïques, est-il destiné à déchoir et à disparaître ?

Depuis les temps déjà si lointains où les hommes ne sont plus obligés de combattre les familles voisines pour défendre la leur, les hommes aiment-ils moins leurs familles ?

Depuis qu'on n'a plus à défendre la ville qu'on habite contre les villes voisines, aime-t-on moins sa ville natale ou d'adoption ?

Les Pyrénées sont-elles moins chères au Béarnais, les plages de Bretagne au Breton depuis que le Béarn et la Bretagne ne sont plus en guerre avec les provinces voisines ?

Un grand souverain dont la bravoure personnelle avait devancé, dans maintes batailles et maints combats, l'élan des plus braves, avait eu il y a trois siècles comme une vision prophétique du rôle glorieux destiné à la France dans l'Europe pacifiée.

« Ses vues ne lui étaient point inspirées par une petite et misérable ambition, ni bornées à un léger et bas intérêt. Il voulait rendre la France éternellement heureuse. Et comme elle ne peut goûter une parfaite félicité qu'en un sens toute l'Europe ne la partage avec elle, c'est le bien de toute la chrétienté qu'il voulait faire, et d'une manière si solide que rien à l'avenir ne fût capable d'en ébranler les fondements. »

C'était Sully, Messieurs qui s'exprimait ainsi.

Ce précurseur du Tsar Nicolas II et des pacifiques d'aujourd'hui, c'était Henri IV.

Ceux qui nous accusent d'affaiblir les sentiments patriotiques mettront-ils aussi en doute le patriotisme du plus grand de nos rois ?

Il suffit de jeter un coup d'œil sur le passé pour avoir foi dans l'avenir. L'Europe d'aujourd'hui est un progrès sur l'Europe d'hier. Celle de demain sera un progrès sur celle d'aujourd'hui et l'Europe de demain sera pacifique. C'est la marche évidente de l'histoire.

Et dans cette Europe pacifique la première place appartiendra à la nation qui saisira le mieux les conditions nouvelles des relations internationales, à la nation dont la voix sera le plus souvent utile à toutes les causes justes, au progrès pacifique de l'humanité.

N'est-ce pas, Messieurs, le rôle naturel de la France, un rôle digne de sa glorieuse histoire, de sa généreuse mission dans le monde ?

C'est à l'aube du siècle nouveau, le vœu de notre patriotisme, du patriotisme que nous croyons le meilleur, du patriotisme pacifique.